JINRONG
FANG ZHAPIAN

重庆市成人教育丛书编委会 编

重庆大学出版社

图书在版编目（CIP）数据

金融防诈骗 / 重庆市成人教育丛书编委会编. -- 重

庆：重庆大学出版社，2021.6

（重庆市成人教育丛书）

ISBN 978-7-5689-2757-4

Ⅰ. ①金… Ⅱ. ①重… Ⅲ. ①金融—诈骗—预防—

中国 Ⅳ. ①D924.334

中国版本图书馆CIP数据核字（2021）第107799号

金融防诈骗

重庆市成人教育丛书编委会　编

责任编辑：章　可　　版式设计：章　可

责任校对：刘志刚　　责任印制：赵　晟

＊

重庆大学出版社出版发行

出版人：饶帮华

社址：重庆市沙坪坝区大学城西路21号

邮编：401331

电话：（023）88617190　88617185（中小学）

传真：（023）88617186　88617166

网址：http://www.cqup.com.cn

邮箱：fxk@cqup.com.cn（营销中心）

全国新华书店经销

重庆升光电力印务有限公司印刷

＊

开本：787mm×1092mm　1/16　印张：7　字数：79千

2021年6月第1版　　2021年6月第1次印刷

ISBN 978-7-5689-2757-4　定价：30.00元

编委会

老年人是国家和社会的宝贵财富，老年教育是我国教育事业和老龄事业的重要组成部分，发展老年教育是建设学习型社会、实现教育现代化、落实积极应对人口老龄化国家战略的重要举措，是满足老年人多样化学习需求、提升老年人生活品质、促进社会和谐的必然要求。

为认真贯彻落实《国务院办公厅关于印发老年教育发展规划（2016—2020 年）的通知》（国办发〔2016〕74 号）、《重庆市人民政府办公厅关于老年教育发展的实施意见》（渝府办发〔2017〕192 号）的要求，重庆市教育委员会委托重庆市教育科学研究院组织编写了"重庆市成人教育丛书"，旨在为重庆市老年教育提供一批具有重庆地方特色、符合老年人学习与发展规律的学习资源，增强老年教育的实用性、针对性和持续性。

重庆市教育科学研究院组织开发的"桑榆尚学"老年教育课程包括养生保健、文化艺术、信息技术、家政服务、社会工作、医疗护理、园艺花卉、传统工艺 8 个系列 100 余门课程，编写了《老年保健好处多》《运动让你更健康》《养生之道老年人吃什么》《一起学汉字》《一起学算术》《能说会写》《能认会算》《智慧生活好助手》《婴幼儿照护》《宠物养护与常见病防治》《果蔬种植实用手册》《家禽养殖技术指南》《金融防诈骗》《让家人喜欢你》《老年人常见病防治》《老年日常生活料理》《养花养草自在晚年》《家庭插花艺术》《手工巧制作》19本，具有以下特点：

一是案例来自生活。书中选用大量生活中的案例，贴近老年人生活实际，让老年人身临其境般学到自己感兴趣的知识，增加老年人的学习热情。

二是内容通俗易懂。书中内容应用性知识篇幅适当，穿插案例、提供图片，让学习过程生动活泼，让老年人愿学、爱学、乐学，在运用中学习知识、在操作中掌握技能。

三是版式设计新颖。从版式设计上，读本内容丰富、图文并茂、简洁大方，书中文体、字体、字号都符合老年人的阅读习惯和审美取向。

四是增加数字资源。后期编写的读本与时俱进，应用了现代信息技术手段，一些章节的操作技能学习中，精心制作了配套数字资源，扫描二维码即可观看操作流程，形象生动。

"重庆市成人教育丛书"既可作为老年大学和社区教学资源的补充，也可供老年人居家学习所用。在编写过程中，虽然我们本着科学严谨的态度，力求精益求精，但难免有疏漏之处，敬请广大读者批评指正。

重庆市成人教育丛书编委会

2021 年 3 月

目 录

第一部分
银行卡诈骗防范

随着银行卡持卡人群的不断扩大，一些唯利是图的诈骗分子开始盯上银行卡的持卡人，涉及银行卡的诈骗案件急剧增加，特别是针对老年人的银行卡诈骗越来越多。

第一讲 银行卡办理防诈骗

随着社会数字化和信息化水平的不断提高，银行会给每一位开设账户的客户都提供一张银行卡，方便其办理业务。有越来越多的老年人也在使用银行卡，而针对老年人的银行卡诈骗形式也层出不穷。

案例展示

案例一：银行卡掉包诈骗

2020年12月8日，一位头发花白的服装店老板急匆匆地赶到公安局刑警大队报案，称自己存在银行里的6.7万元被人取走了。

原来在12月5日，一位自称市内某人寿保险公司办公室主任的男子来到服装店，声称准备购买上百套西服作为公司的工作服。双方达成了初步的购买协议，西服的单价为每套 1 500 元，男子随后提出需要回扣作为报酬，还要求服装店老板证明自己的支付能力。服装店老板按照对方的要求到指定的某银行办理了一张银行卡，并存入了 6.7 万元。随后，双方共同到银行取款机上查询了卡中的余额。

12 月 8 日是双方约定的提货交款的日子。然而，服装店老板始终没有等来对方，感觉情况不对的服装店老板到银行再次查询了卡上的余额，钱却不翼而飞了，他便立即到公安机关报案。公安机关不久便将犯罪嫌疑人逮捕归案。

经过审查，犯罪嫌疑人主动交代了自己的犯罪过程。原来，他长期以诈骗为生，这次决定以吃回扣、掉包银行卡的方式进行诈骗。他之前就已经办好了一张银行卡，在与服装店老板一起到银行查询账目时，偷看了老板的银行卡密码并借机将卡换掉，于两日内分五次将卡上的钱取走。

案例二：不要为了蝇头小利，让自己走上犯罪的道路

2017 年 10 月，史某明知戴某需要他人银行卡用于电信网络诈骗等犯罪活动，却仍以自己的身份证办理了 8 张银行卡给戴某使用，从中获取了一定的好处费。2017 年 12 月，史某又介绍陈某用他自己的身份证办理银行卡后交给戴某使用，并从中获取好处费。后来，戴某因诈骗罪被公安机关逮捕，史某、陈某作为从犯也受到了处罚。

预防技巧

一、妥善保管个人信息

除银行卡密码外，姓名、身份证号、银行卡号、信用卡有效期和验证码等都是重要的个人信息。只要涉及这些信息，都要提高警惕，不要轻易提供给他人，以免不法分子冒用受害人的身份盗取资金。

二、妥善保管银行卡

银行卡应视同现金一样妥善保管或随身携带，不要借给他人使用，以免增加遗失或资料泄露的风险。交易时选择信誉较好的商户，刷卡时不要让银行卡离开自己的视线，这样可有效防范银行卡芯片被不法分子"克隆"后盗刷。此外，银行卡与身份证等应分开存放，避免在同时遗失后，被人破解密码盗取现金。

三、谨慎对待 ATM 机异常现象

持卡人在 ATM 机上进行操作前应留意是否有多余的装置或摄像头、周围是否有形迹可疑人员等。操作 ATM 机时如果出现"吞卡"或提现故障，应在原地及时拨打发卡银行的客服电话求助。ATM 机如果发生故障，只会通过电子显示屏告知持卡人，不要相信 ATM 机外部张贴的"ATM 故障"或"ATM 升级"

等字样的公告，切忌直接拨打类似公告上的联系电话。

第二讲　银行卡保管防诈骗

近年来，银行卡盗刷案件层出不穷，导致储户存款损失严重。

案例展示

案例一：银行卡遭盗刷索赔 13 万元，就近取现成关键证据

2014 年 4 月，吕某在某银行办理了一张借记卡。同年 12 月 6 日，他收到短信提醒，告知其借记卡于当天 17 时 48 分 07 秒发生了一笔金额为 4.5 万元的交易，39 秒后又发生了一笔金额为 8.5 万元的交易。

当时吕某身在北京，而且银行卡就在身上，他收到短信提醒后，就近到 ATM 机进行了两笔取现操作，并拨打银行客服电话进行交涉，后到公安部门报案。随后，吕某将发卡银行诉至法院，要求发卡银行赔偿被盗刷的 13 万元存款。

公安机关发现，金额为 4.5 万元的交易，是通过"智付通"刷卡机完成的，收款人为樊某，交易地点在云南省；而另一笔金额为 8.5 万元的交易，则是通过 POS 机刷卡完成的，收款人为某建材商店，交易地点在湖北省。两笔钱的交易地点均不在吕某当时身处的北京。根据常识判断，吕某难以在同一时间使

用同一张借记卡往返三地操作。基于此，法院认定涉案借记卡的诉争交易系他人使用伪造银行卡进行。

法院在判决中指出，银行与吕某之间是合同法律关系，发卡银行有义务保证储户的存款安全。涉案两笔盗刷交易系通过伪卡在银行提供或经银行认可的服务设施上完成，银行卡系统不能有效分辨真卡和伪卡是造成盗刷的重要原因。据此，法院支持了吕某的诉讼请求。

"吕某在收到账户支出异常的短信提醒后，立即就近取款，并到所在地派出所报案，取得了确认交易发生时自己及银行卡不在刷卡地的关键证据。"北京市大兴区法院民二庭副庭长成桂钦说。

法官建议，发现账户异常变动时，持卡人应做到"三个尽快"：第一，尽快到最近的发卡行服务网点ATM机或银行营业场所证明人卡未分离；第二，尽快拨打发卡行客服电话，办理临时挂失；第三，尽快到当地公安机关报案。

案例二：制造伪卡盗刷巨款

受害人何先生需要购买外汇，"香港老板"刘某称愿意帮忙。双方约定，由何先生开设银行账户并存入人民币 1 000 万元供刘某查询，以证明其购买外汇的诚意。刘某陪同何先生到银行办理了银行卡，之后又提议到旁边 ATM 机上修改一次密码，在此过程中，刘某伺机窃取了银行卡资料并制作了伪卡。

2010 年 7 月 6 日，何先生依约将 1 000 万元存入该银行账户，刘某立即联系盛某携带伪卡前往澳门套取现金，何先生的银行卡被盗刷 299 万元。

预防技巧

一、巧设密码

持卡人拿到新的银行卡后，要立即修改密码，并应定期修改密码。设置一些相对复杂的密码，不要设置 123456、888888 等简单密码。不要用自己的生日、家庭电话号码等作为密码。同时，在任何情形下都不要轻易向他人透露银行卡密码等账户信息。任何人（包括银行工作人员）都无权询问你的个人密码。

二、保护个人信息

持卡人应注意保护自己的个人信息，防止个人信息被不法分子滥用。例如不要把个人信息随便留给不熟悉的公司或个人；不要随便在互联网上留下真实的个人身份资料（包括家庭住址、工作单位）；当为办理某项业务需要留下身份证复印件时，最好在复印件上标明用途，如"仅用于招聘"等字样。

第三讲 银行卡使用过程防诈骗

有些不法分子会在持卡人操作 ATM 机时进行诈骗。

案例展示

案例一：卡被机子"吃"，旁边的"好心人"提醒

刘女士在某银行自助取款机上取完钱后，不知道怎么回事，银行卡被取款机"吃"了，旁边"好心人"提醒她赶紧去银行找工作人员帮忙，当她返回时发现"好心人"与卡都已失踪，幸亏她卡上仅剩不足 30 元现金，无法支取。后查看银行监控录像发现，参与盗卡取钱的共有 3 人，刘女士输入密码时，一

人在旁偷看密码，另一人趁刘女士刚取完钱还没退卡时，假装急于取钱，伸手在键盘上捣鬼造成"故障"，导致取款机"吃卡"，第三人在骗走刘女士后将卡取走。

案例二：老人的银行卡被掉包

年过7旬的陈大爷去ATM机取款，取钱后，后面排队的人提醒陈大爷有东西掉了，陈大爷回头查看，发现掉落的东西不是自己的，再转过头去操作ATM机时，发现银行卡已经退出，陈大爷没有多想，拿上银行卡就回家了。刚到家就收到短信提醒，自己银行卡中的10 000元被取走了。

经过调查发现，原来陈大爷当时拿走的卡不是自己的，是不法分子趁陈大爷不注意时插上去的，自己的卡当时还在ATM机里，等陈大爷走后，不法分子根据偷看到的密码，使用陈大爷的卡直接将钱取走了。

预防技巧

1.使用银行自助取款机时要小心，留意周围是否有可疑的人，操作时应避免他人干扰，防止他人偷窥密码；遭遇吞卡、未吐钞等情况，应立即原地拨打发卡银行的全国统一客服热线与发卡银行取得联系。

2.不要轻信"好心人"，不要拨打取款机旁粘贴的电话号码，不要随意丢弃打印的单据。

3.刷卡消费时卡不离眼。在公众场合（如超市、餐馆等）刷卡输密码时，可用一只手挡住密码键盘，防止他人偷窥密码。

4.收到可疑信函、电子邮件、手机短信、电话等,应谨慎确认,勿贪小便宜，也不要紧张害怕。

银行卡诈骗防范 扫码观看

第二部分
网络支付诈骗防范

中国互联网络信息中心发布的《中国互联网络发展状况统计报告》指出，截至2019年6月，我国互联网用户规模达到8.47亿，网络支付用户规模达到6.33亿，占总人数的74.7%。

腾讯110平台发布的《2019年中老年人反欺诈白皮书》中指出，网络支付诈骗增长迅速，而且大部分受害者都是中老年人，并且遭受的损失普遍较多。

第一讲 网上银行安全问题

网上银行是各大商业银行为了方便客户而推行的一种便捷式客户端。通过网上银行，客户可以快速办理查询、转账、外汇交易、基金买卖等各种金融业务。网上银行的安全问题也越来越受到人们的关注。

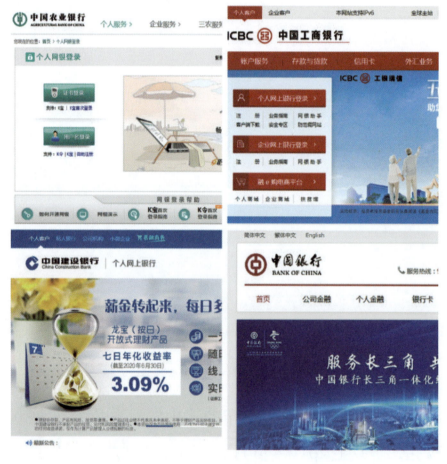

案例展示

案例一：虚假网上银行地址

某日，重庆的陈婆婆突然收到一条短信："尊敬的中国银行客户，你的网银 E 令今日即将到期，请您及时登录 www.×××××.com进行自主升级，给您带来的不便请您谅解。详询 95566。"陈婆婆没有多想，直接点击了短信中的网址链接，打开了"中国银行网上银行"页面，按照操作提示输入了自己的卡号和密码等信息，完成了升级。谁知没过多久，陈婆婆银行卡中的钱就被人转走了。

经过调查发现，短信中的网址并不是真正的网上银行地址，而是犯罪分子建设的一个虚假网站地址，在页面中输入银行卡信息时就将相应的信息泄露给了犯罪分子，从而导致卡中的钱被转走。

案例二：网银支付不"成功"

向某为某高校在校大学生，他于 2020 年 5 月 7 日 19 点左右在寝室用电脑登录淘宝网站，搜索到一家销售二手笔记本电脑的店铺，并通过阿里旺旺与对方取得了联系。对方主动发送了一个压缩文件包，声称该压缩包中有很多笔记本电脑的图片。向某接收并打开了该压缩包，从中选择了一台二手笔记本电脑，双方谈妥的价格为 1 500 元。向某通过电脑端的网上银行支付 1 500 元后，屏幕上显示没有交易成功，对方让向某再次支付，于是向某又支付了 1 500 元，但是屏幕中还是提示支付不成功。向某感觉很奇怪，通过手机 App 登录银行账户查询后发现两次交易都已经成功，账户内已经有 3 000 元转出。向某试图再次联系卖家，但是已经无人应答。经警方调查发现，骗子将病毒程序通过压缩包发给了向某，病毒程序产生错误的显示页面从而让向某误以为支付不成功又再次付款。

案例三：网上消费须当心

2019 年 1 月 16 日，市民张先生的手机突然接到某银行发来的消费服务提示，称他当天的消费金额为 6 000 元。但张先生当天并没有使用该银行卡消费，满腹疑惑的他赶到银行，查询得知储蓄卡当天被转走了 6 000 元，他立刻报警。经过调查，警方发现该银行在网上有两个网站，其中一个是假的。张先生正是在之前登录了这个假网站，输入了银行卡号和密码，从而泄露了银行卡信息，造成卡中的钱被转走。

预防技巧

一、使用安全的计算机

尽量使用自已的办公电脑或家庭电脑进行网上银行操作。电脑中还需要下载防火墙和杀毒软件并及时更新。尽量避免在网吧、图书馆等公共场所使用公用电脑操作网上银行。

二、登录正确的银行官网

要访问银行官方网站，尽量避免通过搜索的形式或其他网站链接进行访问，以防登录"钓鱼网站"。

三、使用安全的网上银行支付工具

使用各大银行推出的网上银行安全工具（数字证书），如 K 宝、动态口令卡等，并妥善保管，不能随意交给他人使用。

四、设置安全的登录和支付密码

保管好网上银行的用户名、密码等个人信息，防止资料泄露，并不定期修改网上银行密码，密码应具有较高的安全性，尽量采用"字母 + 数字"的组合，切勿以简单的数字或个人生日等作为密码。

五、把好支付关

有些银行的网上银行在交易确认前，会以短信方式发送验证码至客户绑定的手机，以保证客户资金安全。若未进行网上银行操作，却收到类似验证短信，应及时查找原因，并重置密码。

操作完毕后或暂离机器时，应及时使用系统提供的"注销""登出"或"安全退出"等功能退出网上银行，并立即从计算机上拔下移动证书等认证工具。

六、定期回看明细

定期查看网上银行的"历史交易明细"，如发现异常交易，立即与银行联系，避免更大的损失。

第二讲　手机银行安全问题

手机银行是各大商业银行为了方便客户而推出的在手机上安装的一种便捷式客户端。通过手机银行，客户可以快速办理查询、转账、外汇交易、基金买卖等各种金融业务。手机银行同样也会面临各种安全问题，值得人们关注。

案例展示

案例一：通过正规渠道下载手机客户端

广州的刘先生平时喜欢通过手机银行管理自己的个人资产。不久前，他通过互联网搜索下载了一个某银行的手机客户端，但在登录使用几天后发现再也无法登录，一再提示密码错误。刘先生赶紧到银行柜台查询，发现密码已被更改，账户中的余额已被转走。

经过检查后得知，刘先生的智能手机在网络中下载手机客户端时感染了著名的"终极密盗"手机病毒，该病毒的典型特征为侵入手机后会自动在后台监听用户的输入信息，捕获到用户的银行卡号和密码后通过短信发给黑客，对方可远程修改密码，并进行转账操作。

案例二：轻信"抽奖"活动，造成损失

市民马女士在春节期间收到内容为"新春送豪礼，抢手机"的短信，邀请其参加抽奖。马女士随即用手机浏览了短信中链接的网站，且"幸运"地抽中了头等奖，但该网站提醒马女士在领奖前要缴纳手续费，并要求在网站中输入自己的银行账号和密码。

马女士按网页中的提示输入了自己的银行账号、密码并缴纳了手续费，但迟迟不见奖品寄来。几天后便再也登不上该网站了，方知上当受骗。

马女士收到的是典型的"钓鱼网站"短信，一旦输入自己的个人信息，就会被对方截获，从而造成巨大损失。

一、从正规渠道下载手机银行 App

在开通手机银行时，一定要使用银行官方发布的手机银行客户端，同时确认签约绑定的是自己的手机。最好在银行客服人员的指导下下载手机银行 App。

二、设立合适的转账额度

在手机银行中可以对转账和支付设置每日的限额，通过限额控制交易风险。

三、注意密码保护

为账户设置单独、高安全级别的密码，一般使用"字母＋数字"的组合，切勿以简单数字、家庭电话号码、个人生日等作为密码。

四、防止手机中毒

不要在公共场所使用不可靠的免费 Wi-Fi，不要打开来历不明的短信，不要轻易点击不熟悉的链接。

第三讲 网上购物安全问题

网上购物是现在流行的购物方式，围绕网上购物也出现了多种诈骗形式。目前主流的购物平台较多，各个平台大都可以通过电脑、手机等多种方式登录。

案例展示

案例一：拨打短信中的退款电话，结果上当受骗

2020 年 11 月 22 日，小王的手机收到一条陌生号码发来的短信，称小王在淘宝上购物的订单出现系统错误，要求小王拨打短信中的号码联系淘宝订单处理中心办理退款。小王按照短信上提供的号码拨打过去，对方却说小王的订单被冻结，需要

通过新发送的链接办理解冻退款。当小王质疑为何钱不是直接退回支付账户时，对方称，由于该订单在系统升级时出现了问题，故无法通过原来的账户进行退款，随后将办理退款的链接发送给了小王。小王点开链接，根据操作提示输入了接收退款的银行账号和密码，可是没过多久，小王的手机就收到短信，提示银行账户中被转走了 3 800 元，他发觉被骗，立即向派出所报警。

案例二：轻信银行来电，办理退款被骗

2020 年 3 月 2 日，张先生在淘宝网购买了一款价值 268 元的小家电，后觉不合适，要求卖家退款并获同意。3 月 8 日，张先生接到自称是银行客服的电话，准确说出了张先生的姓名、地址和购买的商品名称，称有笔淘宝退款要打到其银行账户，请张先生说出自己的身份证号、银行卡号、银行卡验证码以便核对。张先生看见来电显示是955××的银行统一客服电话，便说出了自己的相关信息。过了几分钟，张先生的手机收到一条银行短信，卡里的5000多元被转走。他这才意识到，自己被骗了。

案例三：搜索客服电话，被骗走钱财

周某在淘宝网上购买了一双鞋子，但是一直没有收到货，申请退款也没有获得卖家的通过，他便在网上搜索"淘宝客服投诉电话"，找到一个淘宝网的客服电话。他拨打该客服电话，向"客服"说明了整个情况，"客服"查询后说可以帮助退款，并让周某持银行卡到附近的ATM机上进行操作，周某在ATM机上按照对方的提示操作后，却收到卡内的钱被转走的短信。

预防技巧

一、使用安全的设备购物

尽量使用本人的手机或电脑登录购物平台购物，最好不要使用他人或公共场所的电脑进行购物和支付。

二、选择正规商家

购物时可在平台中查看商家资料和评价，选择信誉较好的商家。在购买大宗物品时，应仔细核对商品名称、型号、数量和单价。支付货款时，最好通过正规的第三方支付平台付款。

三、不要轻信退货信息

不要轻易相信陌生号码发来的退货信息，应登录购物平台查询退货信息和官方客服电话。

第四讲　手机丢失安全问题

手机已成为现代人不可或缺的重要工具，里面存储了大量的个人信息，人们应该重视手机的安全。

案例展示

案例一：手机被盗，钱被转走

曾某的手机不小心遗失了，因为手机并没有关联任何银行卡或支付工具，自己感觉没有风险，就没有太在意。谁知没过多久，他发现自己银行卡中的钱被人转走了。后经警方调查发现，犯罪嫌疑人在曾某的手机中找到了他的身份证和银行卡照片，这是曾某之前办事时使用的，照片一直没有删掉，犯罪嫌疑人就趁机将银行卡绑定支付工具后将钱转走了。

案例二：手机丢失，设有密码同样有危险

李女士在上班途中手机被盗，自己觉得手机设置了支付密码，应该没有什么风险，下班后才去挂失手机号，结果发现微信、支付宝被盗刷了几千元，查看交易记录，是在丢失手机后两小时内发生的。报警后调查得知，原来小偷根本不用破解手机密码，只需要将李女士的电话卡取下来装入另一台手机中通过手

机短信验证的方式修改密码就可以盗刷李女士的钱，因为这些支付软件绑定的不是手机而是手机号。所以手机丢失，请第一时间挂失手机号，防止产生不必要的损失。

预防技巧

一、致电通信运营商挂失手机号

拨打通信运营商的服务电话（移动拨打 10086，联通拨打 10010，电信拨打 10000）挂失手机号。人工挂失时需要提供服务密码，如果不知道服务密码，就需要提供开卡者的姓名、身份证号以及最近（一般为当月）拨出的 5 个手机号码（不能是拨入的号码）。

二、立即致电银行冻结账户

可以致电银行冻结资金账户。

三、致电第三方平台申请挂失

如有绑定支付宝、微信支付、京东白条等，可以致电平台或登录其官方网站挂失或冻结账号。

第三部分
电信诈骗防范

近年来，通过短信、电话或者网络实施诈骗的案件频发，面对不法分子精心设计的"巧妙"骗局，老年人如何才能做到心中有数，应对自如呢？本部分将主要介绍常见电信诈骗的防范，帮助老年人提高防范意识。

第一讲 "仿冒身份类"电信诈骗的防范

"仿冒身份类"电信诈骗是指不法分子假冒单位领导、亲友、社保工作人员、国家公检法工作人员等拨打电话对老年人实施诈骗。

案例展示

案例一："老友"来电借钱，骗走陈大妈2万元

2020年9月20日，60多岁的陈大妈接到一个陌生来电，对方一开口就说："猜猜我是谁？"陈大妈一听，感觉对方的声音与自己的一位朋友老王很相似，陈大妈就误将骗子当作了老王。次日，陈大妈再次接到"老王"的电话，"老王"表示，他的亲戚生病了，急需用钱，现在钱不够，想向陈大妈借2万元救急。陈大妈询问"老王"为什么来电的号码不是手机中存储的号码，"老王"说是临时借的朋友的手机，没有多想的陈大妈，就通过手机银行将2万元转到了"老王"指定的账户中。当晚，陈大妈再次拨打电话向老王了解情况时，才发现被骗并立即报警。

案例二：退休老人"涉嫌洗钱"，被骗110余万元

73岁的李奶奶某天突然接到一个陌生电话，对方自称是王

经理，是某通信运营商的工作人员，王经理称李奶奶在本市的电信营业厅办理了一部座机电话，现电话欠费需要缴费。李奶奶赶紧向对方解释，自己退休后很少出门，近期没有去办过座机电话。王经理随后说发生这种情况是因为李奶奶的身份信息泄露，被人冒用，现帮她将电话转接到公安局。

电话转接后，一位自称"李文华"的警官告诉李奶奶，她涉嫌一起137万元的洗钱案件，并以配合调查的名义询问李奶奶有多少存款，分别放在哪几张银行卡中。李奶奶如实回答后，对方称要依法冻结其名下的全部资产，并调查其是否有洗钱的嫌疑。李奶奶就按对方要求将所有存款110余万元汇到一张卡中，并转入对方提供的"安全账户"内。

晚上，李奶奶将事情的经过告诉家人后，家人立刻报了警。

案例三："领导"来电，被骗2万元

2020年7月3日，公安局反电信诈骗中心接到辖区居民李先生报警称被诈骗2万元人民币。据李先生介绍，7月2日下午，

他正在外面办事，突然接到陌生电话，电话打来后直呼其姓名，让其第二天来一下办公室，李先生误以为对方是上级部门领导王主任，打算第二天一早前去。第二天上午8时左右，对方再次给李先生打来电话，以要给某客户送红包为由，让其帮忙转账2万元，稍后还给其现金。李先生按要求转账后准时前往领导办公室，经与领导核对后发现受骗，遂报警求助。

预防技巧

一、公检法部门不会通过电话办案

要明确国家公检法部门不会通过电话办案，不会通过电话要求公民转账。

二、多方核实身份

面对通过电话、微信、QQ 等要求转账的亲友、领导，一定要再三核实身份，确认身份时要多问几个私密问题，还可以通过视频确认，最好是邀其面谈。

三、不要猜测对方的身份

对于不明电话，不要主动猜测对方是谁，不要盲目答应对方的要求。

四、不轻信陌生人

如遇到涉及医保、社保、养老政策等方面的具体问题，应到相关部门的办公地点咨询或让儿女代办，不轻信陌生人。

第二讲　"购物类"电信诈骗的防范

"购物类"电信诈骗是指不法分子假借代购、低价出售、办理退款、解除分期付款等形式对老年人实施诈骗。

案例展示

案例一：微信代购，被骗 291 503 元

2020 年 6 月，受害人黄某报警称，自己做微信代购被一微信名为"小不点"的人诈骗 291 503 元货款。民警调查后发现，"小不点"在收到受害人 304 997 元代购货款后只发了价值 13 494 元的货品，之后便提供虚假快递单号，以物流事故和海关检查扣押货品等为由，两个半月没有发货。民警在抓获嫌疑人蒋某后，发现全国各地有多人向警方报案称被微信名为"小不点"的人诈骗钱财，民警逐一联系各地受害人进行调查取证。最终，警方查实犯罪嫌疑人蒋某多次以虚构事实为由，涉嫌诈骗客户、亲戚朋友等共计 1 126 338 元。

案例二：购买"258 元"手机，最终花费两万余元

2020 年 8 月，市民冀先生在 QQ 好友空间内看到有人代销手机，只需要付款 258 元，就可以买到一款大品牌的高端手机，心动的冀先生马上付了钱，可事情并没有那么简单。

付款后，对方称需要购买手机软件激活手机，请冀先生垫付激活费 200 元，激活后会将费用退还。付款后，对方又称付款账号存在异常，需交满 2 000 元方可退款。之后，对方继续称账户入账被限制，需要充值解冻。

本以为可以低价买到一部好手机，可没想到对方一直以各种理由要求付钱，并许诺最后都会把这些钱退回，冀先生为了买到手机只能一次又一次地给对方转账。在分多次转账两万余元后，对方失去了联系，直到此时他才发现被骗，随即报警。

案例三："退款"来电，登录网页被骗两万元

2020 年 12 月 20 日，袁女士接到一个陌生电话，称其在淘宝网购买的物品存在质量问题，现准备将双倍赔偿款打入袁女士的账户，请袁女士按照要求进行操作，如果不按照要求操作，袁女士的支付宝账户就会被冻结。袁女士信以为真，在对方的提示下登录相应的网页并填入了姓名、身份证号码、银行卡号、银行卡密码、支付宝密码等信息，并将收到的手机验证码也填入网页中。之后，袁女士并没有收到退款，却收到短信提示：自己完成了一笔 26 000 元的贷款，并且钱款已经打入了指定账

户。她这才发现自己被骗，随即报警。

预防技巧

一、谨慎选择代购

谨慎选择代购，切勿直接汇款购买。付款时，最好通过正规的第三方支付平台进行付款，或是选择货到付款，以便保障双方的权益。

二、不可轻易相信特别便宜的销售信息

如果某些平台上的商品与官方渠道的价格差距太大，需要谨慎购买，切不可贪图便宜，避免上当。

三、不要透露自己的个人信息

网上购物时不要随意透露自己的身份证号、银行卡账号和密码、各种社交软件的账号和密码等个人信息。

四、不要轻易相信陌生来电

不要轻易相信陌生电话的内容，一定要通过官方的渠道核实真伪。

第三讲　"日常生活消费类"电信诈骗的防范

"日常生活消费类"电信诈骗是指不法分子以电话或电视欠费、机票改签等为由对老年人实施的诈骗。

案例展示

案例一：电话欠费引出的诈骗案件

家里年轻人都上班去了，平日就吴阿姨和孙子在家。某天10时许，家里的座机电话响了，吴阿姨看到，是一个00开头的号码，接听后进入语音提示系统。系统提示，吴阿姨家的固定电话欠费2 800元，如果要人工咨询请按9。吴阿姨当即按了一个9。"话务员"说，吴阿姨家电话欠费2 800元。吴阿姨反驳，自己的电话根本不欠费。为了澄清，当对方问及吴阿姨一些个人信息时，她将姓名、身份证号码和家庭地址等悉数告知。

对方解释，原来是有人以吴阿姨的身份证在广州开通的一个固定电话欠费。

"那我现在该怎么办？"吴阿姨问，并开始担心。

"向公安机关报案。""话务员"说。"去广州报案，太麻烦了。"吴阿姨嘀咕。

"话务员"立即说："你可以等一下，我帮你把电话转接到广州的公安部门，你跟他们报案。"吴阿姨还未反应过来，电话中就传来另外一个女声："你好，我是广州公安局警察钟志文，警号064512"。"警察"问清楚吴阿姨的姓名和身份证号码后，称她在广州申请的固定电话欠费2 800元，并且怀疑其涉嫌一宗重大经济案件，涉案金额高达1 000万元，警方将冻结其所有资产(包括银行账户)。吴阿姨信以为真，"冻结后我们家没钱用怎么办？"吴阿姨听到将冻结账户后又气又恼。电话那头说，如果愿意，可以由公安机关进行账户监管，再向监管局申请资金保全。于是，"警察"主动为吴阿姨转接"监管局"，办事人员"陈明文"对吴阿姨说，她的申请已通过，未来将通过律师担保和相关公证程序进行资金保全。

吴阿姨想着，她不认识律师也不知道如何公证。"陈明文"立即对她说，这些都由他们帮吴阿姨完成。工作人员同时告诉吴阿姨，因为此事牵涉公安机关的重大机密案件，不能外泄，包括丈夫和孩子。让吴阿姨立即前往银行，将其账户中的所有钱都转入"公安机关"提供的不会被冻结的"安全账户"。此时，办事人员给了吴阿姨一个指定账户，让吴阿姨分几天到不同的银行汇款，柜台工作人员有怀疑时也不要透露相关信息。

最后，吴阿姨在三天内总共向指定账户汇去486 367.2元。到第三天晚上7时，由于对方的电话一直打不通，吴阿姨无奈之下才将自己的遭遇告诉家人，家人随即报警。

案例二："机票改签"短信有猫腻，点击被骗11万元

刘先生通过网络购买了两张西安至乌鲁木齐的飞机票。航

班出发当天早晨，刘先生收到了一条手机短信，内容为："尊敬的旅客，您好！我们抱歉地通知您，您预订的 5 月 20 日西安——乌鲁木齐的航班由于机械故障已取消，请立即拨打客服热线办理退票或改签。客服热线：400×××096【退 / 改成功后每位乘客将获得民航补助 200 元】。"

刘先生当即拨打了该"客服电话"咨询，对方略带歉意地说，为弥补刘先生的损失，将尽快办理机票退费，并请刘先生提供银行账户、余额、验证码等信息，以便查验是否已正常退款。刘先生按照对方的要求提供相关信息后，便很快发现银行卡上的 11 万元被转走了。

案例三：周女士收到假房东短信，被骗 6 000 元

周女士和朋友租房居住。2020 年 11 月 27 日晚上，周女士入睡前接到一条短信，号码是本地的一个陌生号码。短信上写着："你好，睡了吗？我是房东，现在在外地出差，明天你把下季度的房租交了吧，我着急用钱，钱打到我妻子的卡上，卡号是××××××××××××。打好后给我回个信息。"周女士睡意正浓，考虑到房东可能也要睡觉了，就没马上回电话。第二日早上，周女士起床后急着上班，想起昨天房东的短信，就按照卡号转去了 6 000 元。可没过几天，房东就上门来收取房租了，周女士这才知道自己上当受骗了。

预防技巧

一、不要轻信催缴费用的电话

遇到催缴费用的陌生电话，应该多方核实内容的真伪，特别是要从正规的官方渠道了解情况。

二、不要轻信短信内容

不要轻信短信内容，应该查询官方电话，致电核实，或者亲自前往营业厅核实相关信息。

三、不要轻易泄露个人信息

不要轻易将重要的个人信息填写到网上或者告诉他人，密码或者验证码等更是绝对不能告诉他人。

第四讲 "利诱类"电信诈骗的防范

"利诱类"电信诈骗是指不法分子以"中奖""轻松赚钱""品牌赠送活动"等为诱饵对老年人实施诈骗。

警察同志，我被骗啦！他说我中奖了，结果我转了5 000元手续费……

案例展示

案例一：七旬老人，"中奖"倒贴8 800元

　　鲍先生已经快70岁，平时没事的时候喜欢看电视购物节目，他曾在电视购物上买过一款价值1 080元的收藏币。某日，一名女子打来电话，称因鲍先生购买过收藏币，可以参加收藏协会举行的年终抽奖活动，现在抽中了二等奖，奖金为88 000元，要求其支付10%的手续费，总共8 800元。随后，该女子提供了银行账号，鲍先生没多考虑，便向该银行卡汇去了8 800元。一年多过去了，他迟迟没有收到88 000元奖金，感到上当受骗后，便向公安机关报了案。

"恭喜你获得我们公司的一等奖，您只需要交2 000元手续费，这个大奖就将属于您。"

案例二：轻信"中奖"信息，小杨被骗10 000元

小杨刚大学毕业，正在一家公司实习，平时喜欢上网聊天、结识朋友。2019年12月7日晚上，小杨收到QQ添加好友的申请，新加的好友给小杨发来了一个抽奖活动的链接，称可以去试试手气。小杨点开链接后，进行抽奖，结果还真中了大奖，奖金为16万元以及一台价值13 500元的某品牌笔记本电脑。小杨填写领奖信息后，网站提示需要支付税费16 000元，面对大奖的诱惑，小杨将税费转入了指定的账户，可是之后一直没有收到大奖的奖金，自觉可能受骗，便报警求助。

预防技巧

一、不要相信"天上掉馅饼的好事"

君子爱财，取之有道。各类来历不明的"中奖"信息不要相信，因为"天上不会掉馅饼"。

二、陌生电话、信息要加强甄别

犯罪分子可能知道受害者的相关信息，会谎称是相关部门或公司的工作人员从而实施诈骗，老年朋友在接到与自己相关的电话、信息时，一定要加强甄别，不能轻易答应其要求。

三、找权威部门核实情况

遇不明、可疑情况，应通过正规途径找公安、银行、工商、税务等单位和部门核实情况。

四、多征求他人的意见

遇到难以判断的情况，可以多征求他人的意见，特别是家人的意见，请他们帮忙分析。

第五讲 "虚构险情类"电信诈骗的防范

"虚构险情类"电信诈骗是犯罪分子的常用伎俩，他们往往虚构受害人亲属或朋友遭遇车祸、突发疾病、被绑架等情况，让老年朋友们陷入紧张、焦急的状态，从而实施诈骗。

案例展示

案例一："侄女"反复来电，老人被骗18万元

2020年10月10日，70多岁的李女士接到一个陌生电话，对方自称是其侄女。李女士的侄女在深圳，她一听声音是南方口音，便信以为真。一番寒暄后，"侄女"称自己在天津出差，第二天会来北京看望李女士。

次日，"侄女"再次致电李女士，称其在开车前往北京的路上撞伤了人，请求李女士帮忙转款到指定银行账户作为治疗费用救人，李女士当即汇款了数万元。随后"侄女"又以各种理由，先后共骗取李女士18万元。直到"侄女"的电话打不通，李女士才发现被骗并报警。

案例二：谎称"你儿子被绑架"，老人被骗 15 000 元

2020 年 11 月 25 日，李老太独自在家，座机电话突然响起。

"喂，你的儿子被我绑架了，在我手里。"一个人突然说道。

李老太有点蒙："不能啊，他不是在练车吗？"

"少废话，赶紧汇 10 万元钱过来，要不然我就弄死你儿子。"对方凶狠地说。

李老太接着说："你让我儿子用他的号给我打一个。"

对方说："他电话让我摔碎了，我让你听听他的声音。"

电话那头传来哭喊声："妈，我让人抓住了，你赶紧汇钱救我。"

"这声音不对啊，不像我儿子。"李老太说。

"你儿子牙被我打掉了 3 颗，说话声音能不变吗？"对方继续说。

原本还有些怀疑，一听这话，李老太慌了神，她急忙说："我只有 2 万块钱，我现在就去汇钱，你们赶紧把我儿子放了吧。"

对方回答："2 万块钱也行，现在就去银行汇钱，电话不准挂，收到钱我就放人。"

李老太找出存折，跑到银行，将里面仅有的 2 万元汇了过去。

过了一会，儿子练完车回家，李老太才知道根本没有这个事，大家急忙前往派出所报案。

预防技巧

通过案例可以看出，这一类诈骗主要是通过捏造各种会让老年人不安的消息实施欺诈。在此提醒各位老年朋友，遇到"儿女"或其他"亲朋好友"的"紧急"来电时，大家一定要多加注意。

一、遇事冷静，不要慌乱

在这些"紧急"情况下，老年人首先一定要保持冷静，不要慌乱，不要立马答应对方的任何要求。

二、注意甄别，核实身份

面对谎称是亲戚或者是很久未见的好友时，一定要注意甄别对方的身份，多询问几个私密问题，从多个途径核实对方的身份。

三、主动联系，明确情况

在得知消息后，老年人首先要主动打电话询问是否存在"紧急"情况。即使"当事人"电话打不通，也不一定意味着"紧急"情况就是事实，应立马主动联系其他亲属或朋友一同甄别信息，切勿独自处理，更别轻易转账！

第六讲　其他常见电信诈骗的防范

为了牟取非法利益，犯罪分子的诈骗伎俩也在不断"改进"，日常生活中还有很多典型的诈骗形式，如交通处理违章短信诈骗、公共场所山寨 Wi-Fi 诈骗、冒名顶替诈骗等。

案例展示

案例一：轻信"交通违章"链接，千余元瞬间不见

2020 年 11 月 2 日，福建的王先生收到一条来自"福建交警"的车辆违章提醒短信，王先生不假思索就点开了短信末尾的链接。点击后，跳出名称为"相机"、后缀为 .apk 的软件下载界面，安装软件后，手机内置的拦截功能提醒该链接可能是病毒插件。王先生看到提醒赶紧卸载该软件，但为时已晚，银行的短信提醒立刻就来了，显示他账户上刚被转出 1 000 元。在收到第一条转账短信后，为避免更多损失，他立刻将银行卡中的 2 万元转入了妻子的账户中，就在他刚将 2 万元成功转出后，卡里仅

剩的 370 元也被转走。王先生随即向警方报案。

案例二：连上山寨 Wi-Fi，被敲诈勒索

2020 年 10 月 7 日，市民黄先生在麦当劳就餐时，手机连上 Wi-Fi 后突然被锁屏，随后手机收到一条陌生短信，让黄先生加一个 QQ，对方在 QQ 上要求付款 500 元钱才能告诉黄先生手机的解锁密码。

其实，黄先生手机所连的 Wi-Fi 并非麦当劳餐厅的 Wi-Fi，而是骗子设置的与麦当劳餐厅 Wi-Fi 名称类似的山寨信号。这类信号就是一些盗号者在公共场合放出的钓鱼 Wi-Fi，当手机连上这些 Wi-Fi 后，黑客就能轻松地控制手机并获取手机中的信息，从而对机主进行敲诈勒索。

案例三："老板"换号了，被骗2万元

"我是××，本人今日起启用此新号码，原号码已经停止使用，敬请惠存，收到请回复，谢谢。"这是市民张女士日前接到的一条"老板"的短信。

由于对方能准确报出老板姓名，张女士未作他想就把"老板"的"新号码"更新到通信录。两天后，"老板"再次发来短信，要求张女士帮忙转账，并主动提出先将款项转到张女士银行账户。在张女士提供账号后，对方还发送网银截图证明款项已汇出。张女士见到截图便信以为真，将20 000元转入对方指定账号，直到见到老板本人才发现被骗，截图上的信息也是假的，钱并没有真的转入张女士的账户。

预防技巧

如今，不法分子的诈骗方式已经发生了明显转变，不再是过去的"撒网式"作案，而是掌握了被害人的家庭、工作等多方面信息后实施的"精准式"诈骗。

一、注重保护个人信息

不要随意在网上或者生活中透露个人电话、身份证号、银行卡号等信息。不要轻易登记个人信息换取廉价的小奖品、小纪念品等。

二、不要有"不劳而获"的心理

利用人的"贪欲"，是不法分子的常见手段。被害者往往是因为经不起利益诱惑而一步一步走进陷阱的，因此防范电信诈骗的重要一条就是不要贪图便宜，不要妄想"一夜暴富"，不要相信"天上掉馅饼"。

三、为手机安装安全防护软件

为手机安装安全防护软件，能够有效保障手机安全，减少手机被攻击的风险。

四、不向陌生人转账

绝不向陌生人汇款、转账，这是十分重要的一点。

五、及时向警方咨询

如果对事情无法准确判断，可以向警方咨询，寻求帮助。

第四部分
互联网投资理财风险防范

　　近年来，由于互联网技术的高速发展，互联网投资理财在我国快速发展起来。同时，一些不法分子也以互联网投资的名义进行诈骗。作为普通群众，不可一味追求高额回报，需要保持清醒的头脑，注意防范风险。

第一讲　第三方支付平台理财风险防范

　　目前我国主要的第三方支付平台有两类：一类只提供一个支付渠道以及支付方案而没有担保和监管的功能，以快钱和拉卡拉为代表；另一类可以提供担保，暂时保管客户的资金或先行垫付，待卖家将货品或服务提供给买家且买家满意后再将款项支付给卖方，如支付宝。

案例展示

案例一：轻信虚假信息，上当受骗

　　2019 年 3 至 4 月，杨某在网络上发布代办信用卡、提高信用卡额度等虚假信息，欺骗张某等 7 名被害人在中国农业银行办理银行卡后存入一定数额的钱款，同时将银行卡与杨某的手机号绑定，再让被害人将身份证信息和银行卡信息通过微信或者 QQ 发送给他。杨某谎称这些都是办理信用卡的必要手续，在获取上述信息后，分别将 7 名被害人的银行卡绑定自己的支付宝，将 7 名被害人银行卡内共计 5 万余元的钱款转至自己的支付宝，再转入本人的银行卡内，占为己有。受害人发现卡里的钱不见后，纷纷到公安机关报案。

案例二：利用第三方支付平台转移赃款

2019 年，福建厦门接到电信网络诈骗报警上千起，其中通过第三方支付平台转移赃款占到一半以上，涉案金额近千万元。

"一些中小型第三方支付平台为抢占市场，忽视系统安全建设，监管严重滞后。有的第三方支付平台发放的 POS 机层层转包，被诈骗分子用于刷卡套现转移赃款。"公安部刑侦局相关负责人说。

据"新华视点"记者调查，诈骗团伙利用第三方支付平台转移赃款和洗钱的手段主要有三种：通过一些第三方支付平台发行的商户 POS 机虚构交易套现；将诈骗得手的资金转移到第三方支付平台账户，在线购买游戏点卡、比特币、手机充值卡等物品，再转卖套现；利用第三方支付平台的转账功能，将赃款在银行账户和第三方支付平台之间多次切换，使公安机关无法及时查询资金流向，逃避打击。

2019 年 7 月 18 日，诈骗分子以"领取环保补贴"为名，骗得林先生向对方银行卡账户转账 4.9 万余元。骗子得手后，立即将银行卡内资金通过第三方支付平台乐富发行的商户 POS 机，虚构交易刷卡套现。

预防技巧

一、不要泄露个人信息

个人信息不要轻易泄露给他人，更不能把身份证复印件等轻易交给他人。

二、不要使用不熟悉的第三方支付平台

对于不熟悉、不知名的第三方支付平台，要谨慎使用，不能向平台账户转入大笔的资金。

第二讲　P2P 理财风险防范

P2P 是个人与个人进行小额借贷交易的英文缩写。P2P 网络借贷平台主要有两类产品：投资理财和贷款，都是在网上完成交易。其最大的优势在于普通民众可以通过购买平台产品享受比银行存款高很多的理财收益。借款者可自行发布借款信息，包括金额、利息、还款方式和时间，出借者自行决定借出金额实现自助式借款。

案例展示

案例一：P2P公司"跑路"案件应警惕

网金宝案件是北京地区第一例P2P"跑路"案件。截至案发，社会公众在网金宝累计成交金额达2.6亿多元。经查，网金宝存在许多虚假问题：首先，其公布的办公地址实为虚构；其次，网金宝对外公布的合作担保公司否认与其有合作关系；第三，平台通过包装迷惑投资人，如谎称自己与中国人民银行合作，平台介绍资料里写着：网金宝平台与中国人民银行正式签署了战略合作协议，并配有签署协议之时的图片，但经过一些专业人士鉴别，图片是经过PS的。

网金宝通过各种虚假信息骗取投资人的资金，在达到一定金额后就"跑路"。

案例二：平台负责人主动投案

2018 年 2 月 10 日，上海一家号称资产百亿元以上的金融投资公司——旌逸集团虽仍在正常营业，但公司的所有人孔某却突然跑到公安机关要求投案，声称因为资金链断裂再也无法维持下去。据投案人孔某称：自 2014 年 6 月起，孔某控制的旌逸集团有限公司及上海万悦融资租赁有限公司、上海人宇资产管理有限公司等关联公司在未经有关部门批准的情况下，以委托"融资租赁""债权受让"为名，通过其开设在本市及外省市的 60 余家分支机构，承诺 8.4% ~ 16.2% 不等的年化高收益，公开宣传并向社会不特定公众非法募集资金，至案发时已达 131 多亿元。

通过查询旌逸集团的账户信息，警方发现旌逸集团的账户余额与投资人的本金之间存在巨大的资金缺口。眼看着资金缺口越来越大，面对巨大的还款压力孔某只有自首一条路了。

预防技巧

一、核实平台真实性

第一，可以通过全国企业信用信息公示系统查询企业的工商登记信息，要注意其注册资金、注册地址、股东成分、经营范围等。尤其是经营范围，查看其是否能开展与金融相关的业务。

第二，通过工信部域名信息备案管理系统查询网站的备案信息，查询所属平台网站的主办单位名称、网站备案/许可证号、网站负责人姓名。核对网站负责人与平台管理团队是否一致。如果不一致，应询问平台是何原因。

二、资金是否有第三方监管

查看平台的资金管理情况，尽量选择资金由第三方平台监管的平台。

三、选择合理范围内的收益

一般正常经营的企业，都不会提供特别高的收益，尽量选择收益在 10% 左右的项目，其安全性更高。

第三讲　网络众筹风险防范

一、网络众筹概述

网络众筹就是企业或者个人通过网络平台组织的民间集资、创业募资等。

二、网络众筹的当事人

发起人：有创造能力但缺乏资金的人。

支持者：对筹资者的故事和回报感兴趣的，有能力支持的人。

平台：连接发起人和支持者的互联网终端。

三、网络众筹的规则

①筹资项目必须在发起人预设的时间内达到或超过目标金额才算成功。

②在设定时间内，达到或超过目标金额，项目即成功，发起人可获得资金；筹资项目完成后，支持者将得到发起人事先承诺的回报，回报方式可以是实物，也可以是服务。如果项目

筹资失败，那么已募资金全部退还支持者。

③众筹不是捐款，支持者的所有支持一定要设有相应的回报。

案例展示

案例一：众筹建网购平台，男子入股被骗 1.5 万元

2015 年 3 月，在长沙做生意的杨某以 1.5 万元入股参与了邻居的众筹创业项目，即投资创立了一个网购平台。双方于 4 月份签订了合作协议，约定了每月分红的比例、最低年回报等。但是大半年过去了，杨某没有拿到过任何回报，邻居却失联了。

据了解，杨某邻居当时宣传称，所创立的公司是某网络科技有限公司，主要经营网购，回报率高。这个平台正处在发展阶段，将众筹 3 000 万元，推动平台上市。出于对邻居的信任，杨某投资了 1.5 万元，却没想到打了水漂。

案例二：冒充上市公司股权众筹骗钱

2016 年 11 月，因涉嫌以"原始股"的名义非法集资，上海某环保科技发展有限公司原法人代表段某被批捕，其炮制的股票骗局骗取了上千名群众的 2 亿多元资金。

据了解，上海某环保科技发展有限公司利用其在上海某地方股权交易市场挂牌的身份，对外宣称其为"上市公司"，并且宣布公司将定向发行"原始股"。这使一大批投资人误以为这是一家潜在的"绩优股"企业而选择投资。据初步了解，该公司利用"原始股"共非法集资 2 亿多元。

案例三：众筹购买科技产品

2019 年 11 月 28 日，一款号称比苹果手表功能更丰富的某智能手表在一家众筹网站发起众筹。IT 达人小李看到之后，心动不已，当即下单。然而当他收到这款所谓集高科技于一身的智能手表后，却傻了眼：货不对板的粗劣做工，大力宣传的高端功能一个都没有实现，甚至连市面上常见的触控屏都没有。小李觉得遭遇了一场骗局。

预防技巧

一、通过正规渠道进行众筹

选择资质齐全、信誉良好的众筹平台。目前国家对众筹平台实行严格监管，从发行审批、过程监管到惩戒机制等各方面共同发力，为众筹保驾护航。

二、勿盲目跟风落入陷阱

众筹平台难免会夸大宣传收益或回报，请消费者擦亮眼睛，天下没有白吃的午餐，谨慎投资。

第四讲　贵金属投资风险防范

贵金属一般是指金、银和一些物理化学性质相对较稳定的稀有金属。贵金属投资分为实物投资、带杠杆的电子盘交易以及银行类的纸黄金、纸白银等。其中实物投资是指投资人在对贵金属市场看好的情况下，低买高卖赚取差价的过程。也可以是在不看好经济前景的情况下所采取的一种避险手段，以实现资产的保值增值。

案例展示

案例一：警惕虚假平台

公安民警还原一个诈骗案件的现场：一张长桌上放置着两排台式电脑，一个个男男女女正盯着显示屏，埋头聊天，看上去似乎是一个正规的贵金属交易公司，但其实这是一个诈骗团伙，诈骗分子是经过专门培训的。

民警介绍，其实这些犯罪分子盯着的电脑里的数据都是假的，所有贵金属的价格涨跌，完全由犯罪分子在后台进行操控。

在这个犯罪分子搭建的"黑"平台上，他们会邀请受害人参与贵金属的投资。当受害人投入少量资金后，犯罪分子会操纵贵金属的价格上涨，让受害人感觉盈利了。等到受害人投入大量资金后，他们就会让贵金属的价格大幅下降，使受害人亏损大量的资金，从而骗取钱财。

案例二：不要轻信投资就有大回报

李先生早前接到一个陌生来电，说是可以代理投资现货白银的交易，回报可观。李先生开户以后，把账户和密码都交给了对方，让对方代为操作。可到最后，李先生不仅没有获得可观的收益，还亏损了大部分的本金。后经调查发现，对方所属的公司根本就没有从事相关业务的资质，也没有相应的投资能力，其代理客户的相关投资行为属于违法行为。

案例三：投资需谨慎，理财要正规

来自某城市的杨先生，对贵金属的投资技巧尚算熟悉，于是选择当地某贵金属投资机构进行投资。谁知进场以后，明明自己对行情把握得较为精准，却屡屡亏损。事后才发现，他中了骗子公司所设的圈套，自己操作的交易软件数据并没有和真实黄金市场上的数据关联，而是被骗子公司所控制，杨先生设置的止损位也被人为修改。该公司的交易平台不受当地交易场所监管，交易单与平台是对赌关系，当交易单盈利时，平台就会亏钱；反之，当交易单亏损时，平台就获利了。

预防技巧

一、保证交易环境正规

提高防范意识，在进行贵金属交易时，要到具有经营许可证的正规单位的平台进行操作，并注意自己资金的流向，资金要进入具有经营权的单位账户。

二、拥有良好的交易心态

人们之所以会落入虚假平台的陷阱也是因为自己本身的急功近利，想要在投资市场上迅速获得盈利。要想成为真正的贵金属投资高手是一个循序渐进的过程，没有人能够一下子成功。在贵金属交易市场中想要获得稳定的盈利，首先需要理智冷静地对当前的行情进行分析，然后果断执行自己的交易策略。

选择可靠的理财
产品

扫码
观看

第五部分
非法集资风险防范

　　据统计，全国非法集资案件呈逐年上升的趋势。2019 年全国共立案侦办的涉嫌非法集资的刑事案件有 5 888 起，涉案金额达到 5 434.2 亿元，同比分别上升 3.4%、53.4%。

　　面对种种"高回报"的"投资项目"的诱惑，老年朋友应如何练就"火眼金睛"，避免落入"非法集资"的陷阱呢? 本部分将介绍几种常见的非法集资类型，并告诫老年朋友一定要远离非法集资!

第一讲　项目开发类非法集资的防范

项目开发类非法集资是指不法分子假借房地产开发、种植（养殖）项目、庄园开发、生态环保投资等名义进行的非法集资。

案例展示

案例一：轻信房地产开发项目投资，大妈被骗

2019 年 8 月，退休老人吴大妈经他人介绍，得知某房地产公司在某市准备开发一些房地产项目，因资金短缺故面向社会吸收投资，投资回报相当可观。她随后受邀来到该公司的总部实地考察，发现设在某市安图街一座大厦四楼的办公地点足有一千多平方米，气派十足。当时还有媒体对公司开发房地产项目的事情进行了报道，公司马总表示，公司实力雄厚，除房地产项目外，还有担保公司、投资基金公司等多家公司，还在某市拿到了多个旧城改造项目。

在高额利息的诱惑下，吴大妈回到家后立即投入了 100 万元，按照回报率，一年到期后她可获得 36 万元的利息。

按照与公司签订的合同，一年期满后，吴大妈前往公司领取本金和利息，没想到公司大门紧锁，空无一人。更奇怪的是，公司马总的电话也无法接通。大厦一楼的楼层分布牌上，该公司的字样已被撕掉，经向物业打听得知，这家公司的租约已到期。感觉自己被骗的吴大妈连忙报警，到了公安局，才发现被骗者已有上百人。

案例二：骗取 69 名老人信任，非法集资 100 余万元

2017 年 5 月，王某租用市内高档写字楼的某办公室作为办公地点，于 2017 年 5 月 23 日注册成立了某财富管理有限公司，法定代表人为王某。之后，王某制作虚假宣传单、广告单，对外宣称自己为某石业有限公司的董事长，并称公司拥有大型矿山资源、数十台大型开采设备，与北京、上海、天津等地的多家公司有合作关系，生产的高品质石材远销海外等。随后采取对外散发传单、赠送礼品、邀请人员实地参观虚假石材厂等方式吸引投资人，谎称公司与相应的村庄签订了《土地租赁合同》，与大型工程企业签订了《石材购销合同》，目前公司需要扩大经营，以三个月、六个月、一年的固定期限，"承诺"每月返还 2% 的利息，与 69 名老年投资人签订了借款合同，共吸收投资 1 483 300 元。王某获取集资款后并未用于任何生产经营活动，后因无力偿还欠款逃匿。投资人集体向公安机关报案。

案例三：以"技术开发"为名，非法集资 10 亿元

北京一家机电科技产业公司，以"高新机电技术开发合作"为名目，以签订"技术开发合同"的形式，向社会广募资金。合同中明确规定了公司在一年内将产生 1 亿元的产值，甚至给出了 24% 的年息。为了制造经营业绩良好的假象，公司负责人沈某把 3.2 亿元集资款变成公司的营业销售收入，然后向税务部门缴纳了 1 100 多万元的税款。同时，还在人际公关上下大功夫，先后聘请了 160 多名退休的政府工作人员担任公司高级顾问，由此构筑起了一个强大的官商关系网。沈某先后在全国设立了 20 多家分公司和 100 多个分支机构，雇用职员 3 000 多人，主营业务就是登广告、炒新闻、集资。该公司在不到半年的时间里共非法集资 10 亿多元，受害者达到 10 万人。

预防技巧

以项目开发为名的非法集资活动，往往因为有"项目"作幌子，更容易吸引社会公众的眼球。

一、查验公司的许可证

某些项目的开发和建设，必须取得相应的许可证。如房地产开发项目，必须获得相关部门颁发的国有土地使用证、建设用地规划许可证、建设工程规划许可证和建筑工程施工许可证，预售房屋还需持有商品房预售许可证。

二、实地考察

独自前往项目所在地或工作场所，查看项目进展情况。前往工商管理部门了解企业经营状况。

三、警惕高回报

项目如果有非常高的回报，一定要特别警惕，慎重判断其回报的可信度。

第二讲　各类预付形式非法集资的防范

预付形式非法集资是指不法分子以兜售预付卡、消费卡、购物卡等名义向社会公众吸收资金。

案例展示

案例一：轻信优惠活动，办理大额会员卡

贺女士家附近新开了一家蔬菜店，蔬菜店在开业期间推出了会员卡活动，办理会员卡后，如果充值 1 000 元将额外赠送 200 元，如果充值 2 000 元将额外赠送 500 元。贺女士便充值了 2 000 元的会员卡。谁知没过几天，蔬菜店就突然关门了，负责人联系不上，贺女士的会员卡也就无处使用了。

案例二：洗剪吹办卡 10 元，不办卡 88 元

黄女士家门口新开了一家理发店，并且推出了充值优惠活动。充值金额越多，折扣越大。原价 88 元一次的洗剪吹，最低可为 10 元。附近的许多居民因为感觉便宜都纷纷充值办卡，

黄女士也充值了 4 000 元。

　　然而没想到的是，没过几个月，店铺就接连发出通知：首先是国庆放假休息，国庆节后又以店长结婚为由放假。黄女士想着卡里还有近 3 700 元，越想越不对劲，马上致电店长张某，谁知对方一直不接听电话，理发店也一直没有开门。不久，理发店就变成了其他店铺，黄女士卡中的余额也没有人负责退还。

爷爷，您的发型该换换了，洗剪吹办卡只需10元，不办卡需要付88元呢，您办卡不？

预防技巧

一、理性选择

　　办理预付卡时，应积极查询经营者的经营状况、预付业务备案信息等，对优惠力度极大的充值返现方式要多问多想。

二、谨慎办卡

参与预付消费前，要仔细阅读预付规则及其他要求。对于不明确或涉及回报返现的内容，在取得商家明确协议内容后再决定是否签署。

三、合法维权

当大家的合法权益受损时，要及时与商家协商，必要时向消协、工商、市场监管部门投诉；一旦发现存在非法集资倾向，应及时向当地防范和处置非法集资的部门举报或向公安机关报案。

第三讲　投资理财类非法集资的防范

投资理财类非法集资主要是指不法分子以发行或变相发行股票、债券、彩票、投资基金等权利凭证或者以期货交易、典当为名进行的非法集资。

案例展示

案例一：退休老人投资 52 万元，养老钱血本无归

2018 年 5 月，郑州市 65 岁退休教师何某的朋友向其介绍投资项目，称河南名谦养老服务有限公司是一家专业的养老服务公司，在郑州、济源、西峡等地设有多处办事机构，经营陵园公墓、养老院及养老公寓等多个实体项目。随后何某参加了公司组织的到新密市隆利福老年公寓实地考察的活动，考察结束后，讲解员就公司发展规划对老年人进行了讲解，并告知大家公司正在筹备新三板上市，可以发行原始股票，一旦公司挂牌上市，大家所购买的原始股票就可以依法转换成"名谦养老股票"。如果到期，公司未能在新三板挂牌上市，公司在3日内可以将出资款返还给投资者，并承诺给予20%的利息作为补偿。同时，讲解员还介绍了公司的会员消费金卡、钻石卡，称不但可以在公司直营养老机构和合作养老机构消费享受8折优惠，而且投资购买金卡、钻石卡的本金可获得12%～13%的年利息，每年固定时间领取利息，合约到期可以无条件兑付投资的本金。

为了确定销售人员讲解内容的真实性，降低投资风险，何某又亲自向名谦公司董事长肖某求证。得到肖某亲自许诺后，她瞒着家人，在2018年5月22日，与名谦公司下属的新密市隆利福老年公寓签订了购买会员消费金卡的协议，投资10万元，协议约定该金卡投资年限为5年，在该公司所有的经营项目消费可享受8折优惠，每年发放的利息为12 000元，5年后可以退还投资的10万元本金。2018年8月2日，何某又在名谦公司投资了30万元，购买了该公司的钻石卡。同日，又花12万元购买了该公司的原始股票。当天投资的42万元全部打入肖某的个人账户里。

到了10万元投资的第一次利息领取日，何某来到名谦公司领取利息，却被告知暂时无法领取，后来她曾多次到公司和肖某沟通讨要投资的本金，均无果，这才意识到自己上当受骗。

案例二：1 000 万元投资"私募基金"，全部打水漂

2019 年 9 月 24 日，深圳警方对深圳市 A 基金管理有限公司以涉嫌非法吸收公众存款案立案侦查。据媒体报道，从 2018 年 5 月起，A 基金旗下 20 多只私募产品逾期未兑付，逾期规模约 16 亿元。在这一案件中，众多投资者的亏损少则几百万元，多则上千万元。值得注意的是，在 A 私募基金投资人的维权群里可以看到，以上了年纪的中老年人居多，有几十个深圳的老军转干部，有躺在重症室里的癌友会会员，还有养老院里的老人。

年近 70 岁的曹婆婆就是投资人中的一员，她是在银行大厅的等候区里结识了 A 基金的理财经理，之后这位理财经理就以亲切的问候，时不时送上的小礼物赢得了曹婆婆的好感，还邀请曹婆婆去参观 A 公司的办公楼。在一步步的攻势下，曹婆婆最终在未与家人商量的情况下，决定花 1 000 多万元买下 A 基金的私募产品。其他老人的经历也大多与曹婆婆类似，而随着 A 基金的爆雷，他们的生活也跌入谷底，有人赔光了奋斗一生的血汗钱，有人因为无钱支付母亲的医疗费而发愁。

预防技巧

一、注意投资风险

高收益、高回报往往伴随着极高的投资风险，投资时要认真阅读投资合同内容，仔细核实双方的权利和义务，切忌跟风，更不要听信推销人员的口头承诺。

二、仔细评估投资项目

应通过多种官方途径了解、储备基本的投资知识，包括如何辨别真伪投资项目、如何从正规渠道进行投资等。投资前要详细了解投资产品及市场行情，甄别该投资项目是否符合市场规律，自身经济实力是否具备抗风险能力。千万不要被销售人员以及公司营造的表象所迷惑，也不要轻易相信身边亲友的推荐。

三、多听取各方的意见

遇到各类投资宣传，一定要避免头脑发热，先征求家人和朋友的意见，反复思考再决定，不要被高利息诱惑而盲目投资。

第四讲 商品营销类非法集资的防范

商品营销类非法集资是指不法分子以售后返租、消费返利、会员消费等方式进行的非法集资。

案例展示

案例一：房地产公司"售后返租"非法集资

重庆某房地产公司曾豪掷 10 亿元，在江津区开发大岭湖别墅项目和高尔夫主题公园。由于售价过高，加上受房地产政策调控影响，资金回笼缓慢。到 2013 年 12 月末，公司总资产 55.96 亿，净资产只有 13.79 亿，负债率高达 75%，存货高达 38.98 亿，其旗下多家公司的股权和资金被法院冻结。

为缓解资金压力，该公司在多个楼盘推出"售后返租"模式，如"××雅高国际"的精装商铺，每平方米售价 1.7 万元，返租 10 年，每年回报率 10%；清水商铺每平方米售价 1.1 万元，返租 5 年，前 3 年每年回报率 10%，后 2 年为 12%；499 个地下车位，每个售价 18 万元，每个月返现 1 800 元，一个季度返现一次。

2015 年 3 月，该公司资金链断裂，业主及投资人的租金回报无法兑现，引发多起投诉。同年 12 月 16 日，公司法定代表人柯某某因涉嫌犯非法吸收公众存款罪被刑事拘留。

该公司以"售后返租"模式，非法吸收 7 000 余人投资资金 29.8 亿元，公司法定代表人柯某某最终被重庆市第五中级人民法院终审判处有期徒刑 8 年，并处罚金 40 万元；公司违法所得 26.5 亿元被追缴，并判处罚金 2 000 万元。

案例二："消费返利"成庞氏骗局，涉嫌非法集资

2016 年 5 月 19 日，山东潍坊金融风险防控办公室发函，称"我的未来网"采取会员加盟方式经营，会员以高出市场价 3 倍以上的价格购买该网站商品，36 天后网站返还 90%～100% 购物款，参与人数庞大，存在巨大风险隐患。

据了解，"我的未来网"宣称其实体店的营销模式为"消

费需求变投资"，此盈利模式是以消费者的消费需求吸引商家给平台返利。在其实体店购买东西的消费者，可以得到最高100%的消费返现。但条件是：先免费注册成为会员，再通过购物或者宣传等途径赚取积分，然后前往指定店铺购买指定产品。在此过程中，消费者要想获得消费返现并不容易，需要累计积分达到规定数值，才可以消费兑现，并且消费者购买的大部分商品不能返现，只有购买指定店铺的指定商品，消费者才能按一定比例领到返还的购物款。

2016年9月，石家庄、定州等地的"心未来"和"我的未来网"多家冠名店铺遭到公安机关查封。

"我的未来网"的模式实质上就是一种"庞氏骗局"，涉嫌非法集资。36天能返还90%～100%的购物款，正常的投资是不可能产生这种收益的。它就是"拆东墙补西墙"，吸纳新资金，偿还旧借款的"庞氏骗局"。

案例三："老妈乐"会员消费，非法集资100亿元

2016年开始，一种专门针对老年人群体的骗局"老妈乐"，打着多消费、高返利的幌子，在江苏、河南、山东、福建、辽宁等省蔓延。

按照"老妈乐"商城的会员体制，共有五级消费档次，这些消费档次对应五个级别的会员，分别为银卡、金卡、钻卡、白金卡和翡翠卡会员。据了解，有所谓的"老妈乐"讲师这样向老年人宣讲他们的发财致富经："一次性消费1 280元成为

银卡会员，最高累计可获得购物券 2 000 元；一次性消费 6 400 元成为金卡会员，最高累计可获得购物券 15 120 元；一次性消费 12 800 元成为钻卡会员，最高累计可获得购物券 31 520 元；一次性消费 19 200 元成为白金卡会员，最高累计可获得购物券 47 920 元；一次性消费 25 600 元成为翡翠卡会员，最高累计可获得购物券 64 320 元。"

"老妈乐"公司销售的产品种类很多，包括保健食品、茶叶、酒、化妆品、手机、智能手表、床上用品等。以银卡会员为例，一次性消费 1 280 元成为银卡会员可以获得 2 000 元购物券用于购买物品，这样算下来就相当于赚了 720 元。

为了吸引更多的老年人来参与，"老妈乐"公司还表示高级会员可以获得免费旅游的机会，只要花钱办理翡翠卡会员，就可以获得 3 天 2 夜的国内旅游机会；如果一次性办理 3 个翡翠卡会员，就可以获得一次俄罗斯旅游的机会。

"老妈乐"公司以"消费返利"为噱头，通过高额返利欺骗老年人把消费当作一种投资。其公司本身不具备融资资质，却向社会公开宣传、吸收资金，其行为已经涉嫌非法集资。从 2016 年年初至 2017 年 11 月，"老妈乐"公司不断骗取老年人的投资，被骗人员涉及全国 28 个省，总计 10 万余人，涉案金额高达 100 余亿元，资金缺口 30 余亿元。公司负责人在 2017 年被警方抓捕。

预防技巧

一、要自觉抵制各种诱惑

对售后返租、消费返利等营销活动要提高警惕，对高额回报、快速致富的商品营销活动要冷静分析，避免上当受骗。

二、判断经营模式的可持续性

要结合经营模式，认真分析经营模式的可持续性以及投资回报是否合理。

三、要增强理性投资意识

高投资往往伴随着高风险，不规范的经济活动更是蕴藏着巨大风险。

四、查看经营资质

通过官方渠道查询经营对象的资质，检查其是否具有从事相关业务的资质。

第五讲　虚拟产品类非法集资的防范

虚拟产品类非法集资是指不法分子以现代信息技术开发的虚拟产品（如电子商铺、电子百货）等的委托经营、到期回购等方式进行非法集资。

案例展示

案例一：空壳公司骗取存款

2014 年 8 月和 2015 年 7 月，夫妻辛某和张某在大连金州区分别注册成立了绿韵商贸公司和绿韵百货公司，两家公司的股东为辛某、张某两人，两人均未实际出资，法定代表人均为辛某，张某则对外宣称其为两家公司的董事长。上述两家公司均无吸收社会公众资金的资格，也基本上未开展正常的经营活动。

2015 年开始，辛某和张某利用上线"云仓百货"提供的网络平台，组织金州、瓦房店、中山、西岗、普兰店、甘井子等地分公司的工作人员，开展了一项名为"拓行天下"的业务。该业务的主要内容：只要客户交钱报单，公司每天就向客户返钱，即每单投入人民币 1 500 元（后期老客户为 1 300 元或 1 250 元），12 ~ 14 个月后返还 4 950 元（其中 70% 以现金形式直接转入客户所绑定的银行账户中，30% 以虚拟的购物币转入客户的网上账户）。

超高的回报率吸引了众多中老年人参与。辛某和张某手下的业务员以 O2O 商业模式、政府支持、零风险、"互联网 +"等为宣传噱头，利用互联网、电视、报纸、微信群等载体，并以集会、讲课等方式，向社会公众大肆宣传。为吸引客户投资，又推行推荐人、区域代理、推广员、销售网点等制度，下线人员只要发展客户投资，就可以按投资金额获取不同等级的提成。

截至2016年，辛某和张某通过下设的各分公司共吸收了4 000余名社会公众投入的111 676单。按照每单最低金额1 250元计算，共计吸收投资在1.3亿元以上。所得钱款部分存于两人名下的银行账户内，部分被两人用于购买房产、车辆等。

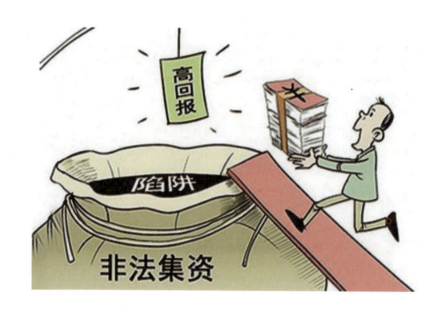

案例二：网络虚拟货币非法集资

2014年1月，有朋友向广东的谢先生介绍了一款包括云音乐、云储存、云图书等在内的云科技服务产品，这款产品由万通奇迹社交资本云计算平台（以下简称"万通奇迹"）推出。

据了解，这款产品的价值并不在产品本身。按照万通奇迹的说法，会员花1 999美元购买万通奇迹系列套装成为万通卡会员，每日可获得 32 个电子积分，其中 16 个积分为分红积分，可用于提现，1 个电子积分等于 1 美元，最多可分红 100 次。另外 16 个积分为购物积分，用于日后在购物网站内购物。在 80% 的百日回报率诱惑下，谢先生花了 26 000 元人民币购买了两套产品。从 2013 年 3 月至 2014 年 8 月，像谢先生这样购买万通奇迹产品的投资者约有 5 000 人，但随着申请提现人数的增多，平台停止了支付功能。很多人不但没拿到分红，本金也无法取回。

预防技巧

一、不要投资不熟悉的领域

对各类新概念的投资产品要提高警惕，不要轻信网络、电话、信函、推介会、说明会等中的各种宣传，不要投资不了解的领域。

二、注意产品的盈利模式

对于没有清晰盈利模式的产品，一定要谨慎投资。

第六讲　其他非法集资的防范

非法集资的形式很多，除了上述提及的类型，还有诸如以融资租赁、转让债权等形式进行的非法集资；以签订商品经销合同等形式进行的非法集资；利用网络传销的形式进行的非法集资等。

案例展示

案例一："e 租宝"巧借"融资租赁"非法集资 500 亿元

"e 租宝"的前身是金易融（北京）网络科技有限公司运营的网络平台。2014 年 2 月，钰诚集团收购了这家公司，并对其运营的网络平台进行了改造。2014 年 7 月，钰诚集团将改造后的平台命名为"e 租宝"，打着"网络金融"的旗号上线运营。

"e 租宝"对外宣称，其经营模式是由集团下属的融资租赁公司与项目公司签订协议，然后在"e 租宝"平台上以债权转让的形式发标融资。融到资金后，项目公司向租赁公司支付租金，租赁公司则向投资人支付收益和本金。

"e 租宝"从 2014 年 7 月上线至 2015 年 12 月被查封，其以高额利息为诱饵，虚构融资租赁项目，持续采用借新还旧、自我担保等方式大量非法吸收公众资金达 500 余亿元，涉及投资人约 90 万人。

案例二：以"烟草经销"为掩护非法集资 2 亿元

自 2002 年 4 月起，邓某和张某二人开始在珠海行骗，他们向受害人谎称是政府高官的亲戚，能通过在北京的关系做烟草生意。他们能帮忙取得紧俏香烟的指标，然后将这些特批的指标下达到广东省烟草公司，并指定由广东某些地级市烟草分公司专卖。他们会与这些烟草公司一次性签订三年的合作协议，然后在民间组织资金进行买卖活动，税由烟草公司统一交纳，利润可观，可以为投资者提供每月 8% 的回报。

邓某和张某向投资者许诺高出银行利率数十倍的高额利息，后以拆东墙补西墙的方式偿还高息，取得受害者信任后再骗得更多的本金。他们先后疯狂诈骗 2 亿多元，直接受骗者近千人。

预防技巧

一、加强学习，提升防范意识

加强学习，掌握基本金融常识，明确非法集资的基本特征、法律后果。

二、谨慎投资

选择可靠安全的理财产品，投资要到正规的金融机构咨询，在做投资理财决定前一定要和家人或朋友商量，多方听取意见。

三、不要轻信高额回报

对身边出现的各类高额回报的投资要保持清醒的头脑，不要轻信推销人员的"甜言蜜语"。

非法集资的基本
特征

扫码
观看

第六部分
被骗后的措施

面对各种形式的诈骗，需要特别小心，谨防上当。即使已经上当受骗，也一定不要惊慌失措，正确的处理有可能为自己减轻或挽回损失，或者帮助公安机关尽快抓获犯罪分子。

第一讲　银行卡转账被骗后的措施

（1）如果是通过汇款的方式向对方转账，发现被骗后，在确定资金还没有到达对方账上的时候，可以马上电话联系银行工作人员，并报案，这样可以将钱追回。

（2）如果钱已到对方账上，银行是无法私自冻结的，这时可以通过以下操作来进行冻结。

①拨打对方银行账户所属银行的客服电话，按照客服电话的语音提示输入对方的银行卡号后进入查询系统。

②随后在系统提示下连续3次输入错误的6位银行密码，该账户将被临时锁定，需要户主到营业厅对该账户进行解锁。

③完成上述操作后，就可以马上报案请求公安机关的帮助。

第二讲　网络支付被骗后的措施

被骗后，如果使用的是支付宝转账，可以按以下操作进行投诉：

①打开支付宝首页，点击"转账"。

②然后可以看到最近的转账记录，找出骗子的支付宝账号。

③点开骗子的头像，至少可以看到骗子注册支付宝的手机号的前 3 位和后 4 位数字，可以将该信息告诉公安机关。再点击右上角的图标。

④这时可以点击"投诉"，选择"欺诈骗钱"，之后按提示操作完成投诉，等待支付宝官方回复处理意见。

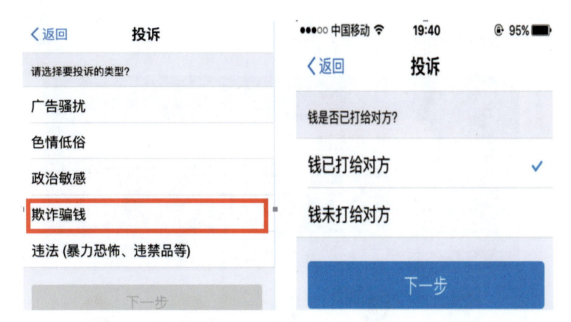

被骗后，如果使用的是微信转账，可以按以下操作进行投诉：

①在转账用户的好友界面，点击右上角的三点。

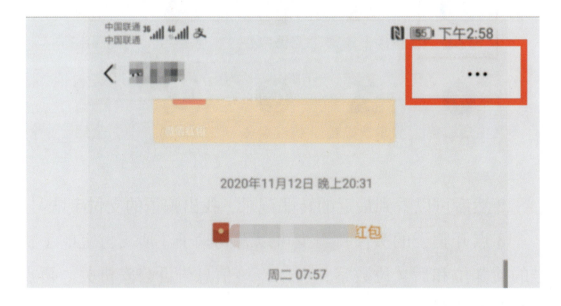

②在新界面中点击"投诉"，再选择"存在欺诈骗钱行为"。

③然后选择骗钱方式及原因。

④再选择被骗资金的支付方式。

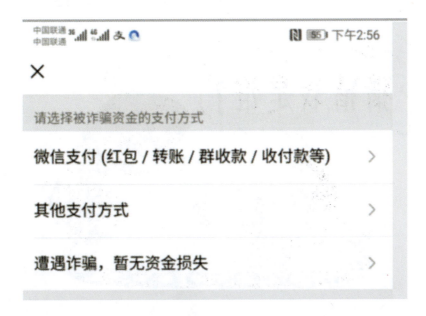

⑤最后会要求提交相关聊天记录作为证据，截图内容越多，证据越多、越充分，被骗的钱被追回来的可能性就越大。

第三讲　遭遇电信诈骗后的措施

（1）电话银行冻结止付：拨打该诈骗分子所用账号归属银行的客服电话，根据语音提示输入账号，然后重复输错 3 次密码，就能使该账号冻结，时限 24 小时。该操作仅限制对方所用账号的电话银行转账功能。

（2）网上银行冻结止付：打开该诈骗分子所用账号归属银行的网站，进入网上银行界面，输入账号，然后重复输错 3 次密码，就能使该账号冻结，时限 24 小时。该操作仅限制对方所用账号的网上银行转账功能。

 注意

在次日凌晨重复上述两项操作，可继续冻结 24 小时。

（3）如果自己的银行卡号、密码等信息已经被对方获取，请第一时间到对应银行冻结自己的银行卡，阻止对方继续转账、提款，也可拨打银行服务电话请求帮助。

各大银行服务电话号码如下：

银行名称	服务电话	银行名称	服务电话
中国银行	95566	中信银行	95558
建设银行	95533	光大银行	95595
工商银行	95588	广发银行	95508
农业银行	95599	浦发银行	95528
交通银行	95559	深发银行	95501
招商银行	95555	华夏银行	95577
民生银行	95568	兴业银行	95561

（4）立即拨打110或去当地公安机关报警。注意收集证据，及时向警方提供以下关键内容：

①受害人姓名及身份证号码。

②受害人转出现金的账号及开户行。

③转账的准确金额及时间。

④骗子的账号、账号用户名及账号开户行（银行柜台客服和银行电话客服均可查询）。

⑤纸质汇款凭证或电子凭证截图。

只要受害人提供有效、健全的报警信息，警方就可凭这些信息运用新平台"快速止付"，对嫌疑人的银行账户实施紧急止付，尽最大努力保护受害人被骗的资金。为了尽快追回损失，如果发现被骗需要在30分钟内完成以上操作。

第四讲　互联网投资理财被骗后的措施

一、网上贷款被骗后的措施

1.保持冷静

首先，在确认自己被骗后，不要惊慌失措，也不要寻死觅活，钱财已经被骗，哭闹是解决不了问题的。要保持冷静，想办法解决问题。及时回顾事件的整个过程，把被骗的来龙去脉搞清楚。

2.搜集证据

把自己被骗的证据保留下来，诸如与骗子的聊天信息、通话记录、转账记录等，都需要保存，否则空口无凭，警方也无法相信你，不能尽快立案追查。

3.及时报警

迅速和当地警方联系，可以到附近派出所报案。将自己被骗的经过向警察诉说一遍，将自己搜集的证据交给警察。

4. 更改密码

及时更改自己的银行卡和其他支付平台的相关密码，防止骗子利用个人信息，继续损害财产安全。

5. 及时补救

采取一些紧急措施，与银行联系冻结银行卡内的资金。如果被骗的钱财转入第三方平台，则与该平台联系寻求帮助。

6. 防患未然

个人的身份证和银行卡等信息如果可能泄露，为了防患未然，可将银行卡注销重办一张。

二、网络贷款平台"跑路"后的措施

1. 保留证据

当得知网络贷款平台"跑路"时，应该尽可能地搜集证据，如与平台签订的投资协议、转账凭证、资金往来情况等，同时还要搜集有关该平台的一切资料，如平台网站的截图、公司办公地点的照片、平台的经营资料等。

2. 抱团取暖

当一家网络贷款平台"跑路"后，受害者肯定不在少数，而且大多来自全国甚至世界各地，可以跟其他受害人建立联系，通过QQ群或微信群等保持信息的沟通和行动的统一，同时也可能搜集到更多的证据。

3. 理性协商

尽力联系对方，协商退回本金，尽可能减少损失。

4. 选择报警

如果协商之后仍然没有结果，那就要果断选择报警。

5. 诉讼

如果无法协商解决，可选择走法律程序。

第五讲　非法集资被骗后的措施

1. 及时协商

当发现对方涉嫌非法集资时，应及时与对方协商，要求马上退回本金。

2. 尽早报警

如果无法协商，应尽早报警，由公安机关进行侦办，效率更高。

在非法集资行为即将败露时，受害人可以先与相关人员谈判，要求退还钱财。非法集资人希望息事宁人，与受害人交涉退款的可能性较大，但不能拖太久，时间久了就为非法集资人"跑路"提供了条件。

3. 第一时间搜集四类证据

①理财款项支付划拨证据。去开卡银行调出账户交易流水单。
②合同协议类证据。纸质投资协议一定要保存好。
③交流的证据。与非法集资人的聊天记录和往来邮件等。
④第三方证据。非法集资人在媒体或者互联网上所做宣传的证据。

4. 尽早申请冻结资产

向相关部门申请对涉嫌非法集资对象的相关资产进行冻结，避免其资产被藏匿或转移。

5. 不能轻信"债转股"的解决方案

互联网金融平台涉嫌非法集资并出现问题时，都将"债转股"作为"救命稻草"。所谓债转股，即投资人再投资一些钱，成为平台的股东，把处在危机中的平台盘活以后，平台再将欠下的钱还给投资者。受害人要警惕这种行为，不可接受这种处理方式。